Contes des châteaux d'Alsace

Contes et légendes traditionnels
racontés par **Sylvie de Mathuisieulx**
et illustrés par **Christian Heinrich**

CONTES *RHÉNANS*

LE VERGER ÉDITEUR

ISBN 978-2-84574-439-4
Loi nº 49-956 du 16 juillet 1949
sur les publications destinées à la jeunesse.
www.verger-editeur.fr

Moi, fantôme

Durant ma vie terrestre, je dois avouer qu'on ne m'aima guère. Pourtant, la chose m'indifférait complètement. J'étais alors régisseur du château de Dornach et certainement pas payé pour faire la charité. Ni même pour me montrer grand seigneur avec les gens du petit peuple.

Dame, il me revenait de gérer au mieux la fortune des seigneurs ! Je prenais mon travail très au sérieux, et mes maîtres acceptaient de fermer les yeux quand, au passage, je me remplissais un peu les poches.

Aucun paysan, aucun villageois ne réussissait à m'attendrir avec ses pauvres grimaces quand venait l'heure de payer ses dettes ou ses impôts. Le monde est ainsi fait : chacun est responsable de ses actes ! Et les démunis, les malades, les vieillards, ceux qui avaient trop de peine, trop de soucis, trop d'enfants… n'avaient qu'à mieux organiser leur vie. Faire preuve de prévoyance. D'économie. De sagesse. Afin, le jour venu, d'être capables de régler honnêtement leur dû.

Une terrible famine, un temps, frappa la région. Heureusement nous avions, au château, de belles et bonnes provisions, justement constituées par les tributs que nous avaient apportés nos gens… Des malheureux vinrent me supplier de leur vendre de quoi manger. Ils affluèrent bientôt, du matin au soir et du soir au matin. Bien sûr, comme la demande était forte, j'exigeai le prix fort ! De nombreuses personnes me cédèrent ainsi leurs champs ou même leur maison pour ne pas mourir de faim. Je ne pouvais certes pas distribuer nos richesses gratuitement à tous ces misérables ! On m'accusa de cruauté. On se mit à me détester.

Je n'avais pourtant fait qu'agir avec prudence et sagesse : une fois cette triste période passée, je me retrouvai à la tête d'un assez joli terrain…

Mais les richesses accumulées n'empêchent personne de mourir lorsque son heure est venue… la mienne arriva.

Quand je toquai, confiant, à la grande porte dorée, saint Pierre me refusa l'accès au Paradis. À mon grand étonnement, il me réexpédia sur Terre, d'un geste de son auguste index. De sa voix grave et grondante, il alla jusqu'à m'ordonner de prendre un peu le temps de réfléchir à ma conduite !

J'étais fâché, tout autant que vexé, par cette offense. Quoi ? Moi ? Moi qui avais, année après année, été un homme irréprochable ? Sévère, mais juste ? Inflexible ? Dévoué à mes maîtres ? Droit, en un mot ?

De retour là où j'avais vécu, je me retrouvai donc de très méchante humeur. Je fis alors, nuit après nuit et de la cave au grenier, un vacarme épouvantable, pour bien le faire savoir à tout le monde.

C'est ainsi que je devins un grand, un terrible fantôme ! Et cela me plut.

Le châtelain, sa femme et ses enfants, les valets, les cuisinières, le petit mitron, le jardinier… tous avaient perdu le sommeil. On les voyait s'attarder dans les couloirs, tout pâles, l'air hagard, traînant des pieds quand venait l'heure du coucher.

Ils avaient d'abord essayé de m'ignorer. Impossible ! J'étais bien trop fort !

Ils tentèrent ensuite de me raisonner : les vivants, dirent-ils, avaient bien le droit de dormir après leur longue journée de travail. Fichtre ! Voilà qui me fit bien rire.

Enfin, alors que Noël approchait, ils voulurent m'amadouer, et pour cela, ils m'offrirent du vin et des friandises, toutes ces gâteries que j'aimais tant de mon vivant ! Ha ha ha ! Pauvres fous ! Tout cela fut fait en vain.

Le temps passa, tant bien que mal.

Un jour, pourtant, quelqu'un eut l'idée de faire appel à un exorciste, c'est à dire un prêtre spécialement chargé d'expulser démons, génies et fantômes. On consulta le curé, puis l'évêque pour obtenir le nom du meilleur d'entre eux, qu'on supplia de venir. Il se fit prier un peu. Il vérifia qu'on saurait le recevoir. Enfin, il arriva de Rome, en grande pompe.

Du haut de mon château, je vis qu'on l'accueillait comme le Messie ! Rien n'était trop beau ou trop bon pour lui ! On l'installa dans la meilleure auberge de la ville. Il y découvrit avec un grand plaisir la cuisine et les vins du pays. Diable, il fallait bien qu'il reprenne des forces avant de pouvoir s'attaquer à moi ! Tout le monde fut très patient, mais au bout de plusieurs semaines, on le pria quand même de faire ce pour quoi il était venu. Parce que bien entendu, depuis son arrivée, moi, j'avais redoublé de malice.

Il se rendit donc au château, afin de m'y rencontrer.

Ha ha ha ! Comme je riais à l'avance de ce petit bonhomme ventru ! J'attendais notre duel avec la plus grande impatience : j'avais tellement envie de m'amuser un peu !

Une fois sur place, il exigea le silence. Puis il leva les bras au ciel et, alternant murmures et cris, chants et gémissements sinistres, il commença à exécuter une espèce de danse tout à fait étrange.

Après l'avoir un peu admiré de loin, je ne pus m'empêcher d'aller le rejoindre.

Nous commençâmes alors un féroce combat. Sous les yeux de l'assistance pétrifiée, celui-ci dura plusieurs heures.

L'homme d'Église m'adressa perfidement des chapelets de mots en latin.

Je lui envoyai en retour, du bout de mes doigts, des hordes d'ombres rouges, vertes et noires, figurant des monstres aux formes grimaçantes.

Il redoubla, encore et encore, de charabia, je ressortis, sans me lasser, mes tours sinistres.

Il fit preuve d'un grand sens de l'équilibre quand je déchaînai les vents entre les quatre murs de la grande salle, menaçant de l'envoyer valdinguer contre les murs.

Je résistai en riant quand il voulut, brandissant une croix en bois vers moi, me forcer à plier le genou. Les spectateurs, hypnotisés, ne bougèrent pas d'un cil tout au long de l'affrontement.

Enfin, au petit matin, le traître sut profiter d'un instant d'inattention. D'une dernière formule bien sentie, il me ratatina, m'expédia et m'enferma dans… une bouteille ! Il s'empressa de la boucher hermétiquement, d'une main qu'il réussit à garder ferme, à l'aide d'un gros cylindre de liège !

Je pus alors observer comme on acclama celui qui avait réussi à vaincre le terrible revenant. Je vis comme on s'éparpilla, un peu partout dans le château, pour manger un morceau et reprendre ses esprits après tant d'émotion !

Et bien à l'étroit dans ma prison de verre, je gonflai. Je gonflai de colère…

L'exorciste fut, encore et encore, remercié, félicité et acclamé. Comme il avait tellement apprécié les spécialités locales, on lui en offrit par paniers entiers. Il reçut des litres de vin et des livres de douceurs variées.

J'attendais mon heure.

Je savais que le prêtre ne pouvait repartir pour Rome sans avoir béni, l'une après l'autre, toutes les pièces du château. Alors, seulement, il aurait achevé sa tâche.

C'était l'instant que j'attendais. Tandis qu'il traçait l'ultime signe de croix dans l'air, un bruit, un bruit terrible déchira le silence recueilli !

Faisant exploser en mille éclats de verre la bouteille qui me tenait prisonnier, je me libérai enfin !

Et dans un sifflement, sous les yeux exorbités de la foule, je filai sans demander mon reste par la cheminée afin de rejoindre l'air libre.

Pour rien au monde je n'aurais passé une seconde de plus dans ce maudit château, et plus jamais je n'y retournai.

Le retour du seigneur

Le comte de Dabo était un homme aimable, juste et apprécié de tous. À la mort de sa femme, il ne s'était pas remarié. Toute son affection s'était portée sur sa fille unique, et il la chérissait plus que tout. Leurs proches et leurs gens – hormis quelques jaloux – s'attendrissaient devant leur belle entente, les citant partout en exemple.

Car il lui avait appris à lire, à écrire, à reconnaître les animaux aussi bien que les plantes de la forêt. Grâce à lui, à l'âge où les petites jouent à la poupée, elle montait fièrement à cheval et savait même tirer à l'arbalète. La course des étoiles dans le ciel nocturne n'avait aucun secret pour elle… À la fin d'une journée bien remplie, ils aimaient tous deux écouter les balades des troubadours de passage au château ou disputer une partie d'échecs près de l'âtre.

Or, par un triste jour, le comte dut partir en croisade avec son suzerain. Promettant de revenir bientôt, il confia l'enfant – avec l'ensemble de ses biens – à son jeune frère, qui était chevalier. Celui-ci jura, la main sur le cœur, un dévouement éternel et sans faille. Pour ne pas ajouter à la peine de son père, la jouvencelle ne dit rien du sombre pressentiment qui lui déchirait le cœur.

Hélas, elle avait vu juste.

À peine le maître des lieux disparu, l'oncle montra son vrai visage. Sans prêter la moindre attention à sa nièce, il prit possession du château du Bernstein, se vautrant sur les coussins, abimant les tapis et la vaisselle avec ses manières brutales. Il fit bientôt venir, parfois de très loin, tous ses amis pour les loger au château. Cette joyeuse compagnie mena la grande vie, amenuisant les provisions, vidant l'un après l'autre tous les tonneaux de vin.

La jeune fille avait bien tenté de lui faire entendre raison, mais il s'était contenté de lui rire au nez.

— Diable, je ne vais quand même pas me laisser impressionner par une pucelle de quatorze ans !

— Mais mon oncle…

— Estime-toi heureuse de ton sort !

— Comment ?

— Ne réalises-tu pas que je suis grand seigneur en t'autorisant à demeurer au château ? En te gardant près de moi comme ma pupille ? Je pourrais t'envoyer au couvent… ou te marier avec quelque vieux baron pour me débarrasser de toi…

— Mais…

— Veux-tu te taire, insolente, ou je te fais enfermer dans le donjon jusqu'à ce que tu entendes raison… ou que tu meures de faim !

Elle n'eut d'autre choix que de se murer dans le silence. Solitaire autant que muette, elle errait tristement de pièce en pièce, passant désormais le plus clair de son temps à prier pour le prompt retour de son père.

Comme on pouvait s'y attendre, le chevalier acheva rapidement de dilapider la fortune dont il avait la charge.

Il décida alors de lever des impôts supplémentaires : les villageois durent se priver pour satisfaire ses appétits tant il avait pris goût à son nouveau train de vie ! Il fit alors régner la terreur dans la région. Les mauvais payeurs se voyaient cruellement corriger par ses hommes, quand on ne détruisait pas purement et simplement tous leurs biens pour les punir.

Il vint un jour où la fille du seigneur ne put supporter davantage cette situation. Elle préféra s'en aller. Après tout, ce qu'elle avait appris dans son enfance devait bien lui permettre de survivre ! Son tuteur, occupé auprès de belles jouvencelles, se borna à hausser les épaules.

De longues années passèrent.

Après avoir vécu bien des aventures, la jeune femme avait acquis une auberge. Un soir, un inconnu y entra. Il avait piètre allure : ses cheveux gris pendaient sur ses épaules, ses habits n'étaient plus que des haillons. Le pauvre homme s'installa au fond de la salle et commanda un verre de vin d'une voix fatiguée. Il resta un long moment, sans dire un mot, observant les lieux et les gens, écoutant ce qui se racontait autour des tables. Son regard se faisait de plus en plus sombre à mesure qu'il apprenait tous les tourments endurés dans le pays.

L'homme, dont le visage était vaguement familier à l'aubergiste, avait éveillé en elle une grande pitié, et lorsqu'il voulut payer sa consommation, elle refusa. Elle lui expliqua que le comte, tombé en Terre sainte, avait défendu de prendre l'argent des pauvres gueux.

Après l'avoir dévisagée longuement, il se redressa. Tourné vers l'assistance, il leva le menton et frappa du poing sur la table.

—Je suis seul seigneur céans ! Et je ne laisserai pas mon félon de frère impuni ! Que tous ceux qui me sont restés fidèles me rejoignent maintenant, afin de m'aider à reprendre mes droits, à venger l'affront fait à ma légitime héritière, ici présente !

D'abord incrédules, tous les clients scandèrent bientôt en chœur, frappant des poings sur les tables :

— Le comte de Dabo ! Le comte de Dabo !

Les yeux de la jeune dame s'étaient remplis de larmes. Submergée par l'émotion, elle lui prit les mains, les embrassa et murmura :

— Père, je n'osais pas vous reconnaître.

La nouvelle se répandit comme une traînée de poudre dans les villages alentour. Une véritable armée marcha bientôt vers la crête granitique sur laquelle s'élevait la forteresse. Pris par surprise au sortir d'un banquet bien arrosé, le traître et ses amis ne purent opposer une bien grande résistance. Ils furent rapidement vaincus.

C'est ainsi que père et fille reprirent possession de leur château.

Les amoureux du moulin

La fille du seigneur d'Andlau ne regardait même pas les damoiseaux ou les messieurs que son père tentait de lui proposer pour époux. Ils étaient pourtant toujours choisis avec soin pour leur naissance, leur richesse, leur fière allure et même, car la belle n'était pas sotte, la subtilité de leur conversation.

À vrai dire, si la demoiselle n'accordait pas le moindre intérêt aux manœuvres paternelles, c'est que son cœur était déjà pris. Par un beau et jeune meunier. Celui d'un petit village situé dans la vallée de la Kirneck.

Ils s'étaient rencontrés un jour qu'elle se promenait à cheval dans les bois, et que sa jument, sans doute piquée par un insecte, s'était emballée. Le jeune homme s'était élancé et avait réussi à arrêter la course folle de la bête.

Depuis, les amoureux se voyaient en secret, bien conscients qu'un mariage était absolument impossible compte-tenu du peu de fortune du garçon.

Un jour, après avoir refusé encore un prétendant – un aimable prince italien à l'accent chantant et à la moustache avantageuse – n'y tenant plus, la jeune fille s'était confiée à ses parents.

Leur réaction fut encore pire que celle qu'elle avait imaginée. Ils la confinèrent dans sa chambre, sous la garde d'une servante laide, sèche et revêche qui était restée vieille fille. Cette dernière prenait sa tâche très à cœur, et ne relâchait jamais sa surveillance. Heureusement, elle avait le sommeil fort lourd, et dès qu'elle commençait à ronfler, la belle glissait par la fenêtre de sa chambre une échelle de corde grâce à laquelle son galant la retrouvait.

Une ou deux saisons passèrent, et la jeune fille crut comprendre qu'on envisagerait de la marier de force si elle s'obstinait dans ses bêtises. Elle devrait alors quitter le château pour suivre un époux honni, sans doute très loin de son amour et sans espoir de le revoir.

Elle pleura, supplia, tenta encore d'attendrir ses parents, sans succès.

Peut-être envisagea-t-elle de s'enfuir avec le meunier.

Peut-être caressèrent-ils tous les deux ce projet.

Mais une nuit, il ne fut pas au rendez-vous et un pressentiment affreux serra le cœur de la demoiselle. Folle d'inquiétude, elle sortit de sa chambre, se rendit aux écuries sans bruit. Elle réussit à quitter le château sans réveiller personne et chevaucha jusqu'au village. Là, elle découvrit le corps du meunier broyé par la grande roue de son moulin.

Que s'était-il passé ? Avait-il été victime d'un accident ? Avait-il préféré mourir que perdre son amour ? Le seigneur, ayant découvert son identité, l'avait-il fait exécuter par quelque malandrin contre une belle bourse pleine d'or ?

Peu lui importait. Déchirée par le chagrin, elle se jeta dans le torrent et s'y noya.

Mais les jouvenceaux se retrouvèrent dans la mort : parfois, on peut apercevoir leur fantôme apparaître, chacun sur l'une des rives du cours d'eau. Ils s'élèvent dans les airs pour se rejoindre, puis disparaissent aux yeux des humains, un léger sourire flottant sur leurs lèvres.

Le faux monnayeur

Le comte de Lichtenberg était craint par tous. Les vieux disaient qu'il habitait son château de grès rose depuis toujours, mais son apparence était celle d'un seigneur dans la force de l'âge. D'une taille élancée, le poil roux et la pupille féline, il était toujours vêtu d'étoffes sombres et ne quittait jamais ses appartements sans s'être couvert d'une ample cape à capuche. Où qu'il aille, quelque chose en lui en imposait aux hommes, son regard magnétique charmait les filles, les bêtes frémissaient sur son passage.

On le soupçonnait d'être un peu sorcier. Ses serviteurs racontaient qu'il se livrait, la nuit, à des expériences inquiétantes, caché dans son laboratoire secret. Là, à l'abri des regards, il distillait dans ses alambics de mystérieux breuvages aux couleurs bizarres ou fondait des métaux, sans doute à la recherche de la pierre philosophale.

Mais cet étrange individu était doté d'un sens de la justice hors du commun.

Or, un jour, il arriva qu'un filou se mit à écumer la région. Se faisant passer, de village en village, pour un riche commerçant, l'homme réglait l'achat des marchandises qu'il avait commandées avec des pièces de pacotille.

Tout le pays fut bientôt sens dessus dessous, mais il était impossible d'identifier le coupable pour faire cesser ses agissements. Il ne donnait jamais le même nom, et ne se présentait pas deux fois sous le même aspect. Un jour blondinet androgyne, le lendemain brun bourru aux sourcils touffus, il excellait dans l'art du grimage et savait modifier sa voix pour tromper son monde comme personne.

L'infortune dans laquelle étaient plongés les villageois des alentours arriva aux oreilles du comte. Aussi, lorsqu'il apprit ce qui se passait, décida-t-il de punir le coquin. Il n'eut, lui, aucune peine à le trouver, mais sans doute une boule de cristal l'avait-elle renseigné sur le lieu de sa cachette.

Afin de prendre le faussaire à son propre piège, le seigneur se déguisa à son tour. Il s'en alla, un soir, lui acheter une charrette entière de marchandises diverses qu'il paya fort généreusement avec une grosse bourse pleine de belles pièces d'argent sonnantes et trébuchantes.

Le lendemain, l'escroc voulut compter ses sous.

Mais il ne trouva dans la bourse qu'un nid de frelons, qui le piquèrent si cruellement qu'il dut s'aliter.

Un serviteur du comte avait recensé les victimes du fripon. Il les invita à lui rendre visite pour constater l'étendue de sa punition. Lorsque tous ces gens furent sur place, il ordonna au malfrat de payer ses dettes. Bien que très mal en point, l'homme s'exécuta, remboursant scrupuleusement chacune des personnes flouées. Une fois la chose faite, par magie, les frelons se changèrent à nouveau en pièces d'argent. Le seigneur apparut alors pour annoncer que toute personne qui tenterait de se jouer ainsi des habitants du territoire subirait le même châtiment.

Depuis, aucune fausse monnaie n'a plus jamais été utilisée dans les environs… peut-être est-ce parce que le comte, discrètement, veille toujours au grain ?

Trois ogres et un tailleur

Trois géants habitaient le château du Haut-Koenigsbourg. Frères, cousins ou simplement camarades, on ne savait pas trop quels liens les unissaient, mais cela avait assez peu d'importance car ils vivaient ensemble en bonne harmonie.

Ces trois créatures étaient – forcément – gigantesques, d'une force peu commune et d'un caractère assez peu gracieux. Leur bibliothèque était à peu près vide, en revanche, ils aimaient bien jouer à la bataille ou aux petits chevaux le soir devant la cheminée.

S'ils se nourrissaient essentiellement des bêtes qu'ils trouvaient dans la forêt giboyeuse entourant leur logis, ils ne détestaient pas s'offrir, quand l'occasion se présentait, un petit souper à base de chair humaine.

Un jour de printemps qu'ils étaient partis chasser, l'un d'eux tomba sur un jouvenceau dans la forêt. Le pauvre garçon qui se promenait, le nez au vent et sans rien demander à personne, entendit soudain un bruit de tonnerre. Il sentit la terre trembler sous ses pieds et il se retrouva, avant d'avoir eu le temps de dire « Saperlipopette », dans la besace du géant.

— Votre seigneurie, délivrez-moi ! Ma pauvre maman mourra de chagrin si je ne rentre pas à la maison !

— Qu'elle meure donc.

— Votre grâce, laissez-moi partir, je vous en prie, j'ai une adorable fiancée qui m'attend, aussi belle qu'intelligente ! Nous devons bientôt nous marier !

— Elle en trouvera un autre.

Rien à faire pour attendrir pareil cœur de pierre. Mais le damoiseau n'était pas à court d'idée :

— Votre grandeur ! Je vois que le joli haut de chausse que vous portez est tout troué ! Voyez-vous, je suis tailleur, de mon métier, et sans doute le plus habile de toute la contrée… si vous me laissez la vie sauve, je pourrai réparer ce vilain accroc si parfaitement qu'on ne verra même pas la couture !

L'ogre s'arrêta.

Il sortit son prisonnier de son sac et lui rugit au nez qu'il acceptait de ne pas le dévorer tout de suite à la condition qu'il réalise de jolis vêtements pour lui et ses deux compagnons. Le tailleur accepta, promettant de confectionner les plus beaux atours que ces messieurs aient jamais vus : culottes de peau fine et chemises en laine tissée d'une douceur incomparable.

Arrivé au château, le géant, très fier de lui, présenta sa prise aux deux autres. Mais ces derniers firent la grimace. Ils trouvaient qu'il y avait déjà bien assez d'habits comme ça dans les armoires. Ils refusèrent à grands cris de partager avec lui le chevreuil et les canards colverts qu'ils avaient rapportés. Bientôt, et se désintéressant du jeune homme qu'ils avaient laissé dans une salle, les trois bougres furent lancés dans une dispute fracassante. Le captif, une fois seul, avait grimpé sur le rebord d'une fenêtre… pour se rendre compte avec horreur qu'elle s'ouvrait sur un gouffre vertigineux : il n'y avait aucun moyen de s'échapper.

 Le cri d'un corbeau, au loin, le fit frissonner.

Quelques minutes plus tard, son ravisseur revint en traînant des pieds.

— Je vais être obligé de te manger ce soir, sans quoi, je me coucherai le ventre vide.

— Votre magnificence, je vous en prie, laissez-moi encore quelques instants admirer cette vue extraordinaire ! Supplia le condamné. De ma vie, je n'ai jamais contemplé paysage plus étonnant, plus mirifique, plus enchanteur !

— Vraiment ? grogna l'ogre en s'approchant, car il ne se souvenait pas très bien de ce qu'on voyait exactement depuis cet endroit-là.

— Oh, ben ça alors, poursuivit le tailleur, mais qu'est-ce que c'est que ce drôle de…

— … drôle de quoi ??? s'enquit le géant en se penchant davantage pour mieux voir.

Rapide comme l'éclair, le tailleur lui trancha la gorge avec son couteau. Le monstre, déséquilibré, bascula dans le vide en poussant un long cri d'agonie.

Sans doute inquiété par le bruit, le deuxième géant arriva alors et entra dans la salle. Il jeta un regard ahuri au petit bonhomme qui faisait mine de ne pas le voir, tout plongé qu'il était dans la contemplation de quelque chose d'extraordinaire à l'horizon.

L'ogre s'approcha donc, lui aussi, de la fenêtre… il connut immédiatement le même sort que le premier !

Lorsque le troisième arriva à son tour, et qu'il trouva le prisonnier couvert de sang, il en fut si terrorisé qu'il prit la fuite. Il courut loin, très loin, si loin qu'on n'entendit plus jamais parler de lui.

Quant au jeune tailleur, après avoir fait un brin de toilette afin de redevenir présentable, il put retrouver sa maman et sa fiancée, pour leur plus grand bonheur… et le sien.

La flèche perdue

Depuis qu'ils étaient petits, les frères Ribeaupierre s'entendaient comme larrons en foire. Ils étaient presque du même âge, et avaient passé toute leur enfance à partager jeux et devoirs, lectures et concours de tir à l'arbalète, gâteaux chipés aux cuisines et myrtilles ramassées sur les terres de leurs parents. C'était un plaisir que d'entendre leurs rires mêlés partout où ils allaient.

Lorsqu'ils avaient grandi, ils s'étaient installés chacun dans un château, l'un au Saint-Ulrich et l'autre au Girsberg.

Ceux-ci, tout proches, se faisaient face. Un jour, par jeu, le plus jeune avait réveillé son aîné en lançant une flèche dans son volet, et depuis, chaque matin, c'était ainsi que le premier debout annonçait à l'autre qu'il était temps de se lever.

Ils administraient de concert terres et gens, chassaient, applaudissaient les dresseurs d'ours et les jongleurs, voyageaient ensemble lorsque leurs affaires l'exigeaient, bref, ils ne se quittaient pas d'une semelle.

Or, un jour, le plus jeune rencontra la fille du roi des ménétriers, ces musiciens ambulants qui, à l'époque, animaient les fêtes dans les villages ou les châteaux. Il en tomba éperdument amoureux. La belle partageait ses sentiments, et ils décidèrent de se marier. Hélas, le soir où, plein de confiance, le garçon ouvrit son cœur et avoua son projet à son frère, il vit le visage de celui-ci se durcir.

— Si tu veux prendre femme, à la bonne heure ! Ce n'est certainement pas moi qui t'en empêcherai ! Mais au lieu de choisir une pauvre roturière, une moins que rien, considère les demoiselles de notre rang !

— Aucune d'elles n'a sa grâce, son cœur, sa finesse d'esprit ! Oh, accepte de la rencontrer ! Tu verras : elle chante comme un ange…

— Comme un ange, vraiment ?! Tu as perdu l'esprit, ma parole ! Cette fille-là t'aura jeté un sort.

— Mon amour est pur et sincère, je t'en prie, laisse-moi te la présenter…

— Il n'est pas question que je la voie ! Je suis sûr qu'elle n'en veut qu'à ton argent, et, moi vivant, tu ne commettras pas la folie de te marier avec une ribaude !

L'un et l'autre s'entêtant, le ton monta jusqu'à ce que l'amoureux, excédé, jette sa serviette par terre et quitte la table en lançant :

— Tu n'as pas de cœur ! Peu t'importe mon bonheur : tout ce qui t'intéresse, c'est que je reste près de toi, comme un petit chien bien obéissant ! Je ne veux plus te voir, plus jamais !

Après un tel dîner, on peut bien l'imaginer, aucun des deux frères ne passa une bonne nuit. Chacun, dans son château, se tourna et se retourna sous ses couvertures. D'abord, ruminant les paroles amères qui avaient été échangées. Ensuite, regrettant celles qu'il avait prononcées. Comprenant enfin le point de vue de l'autre. Au même moment, ils se jurèrent, chacun dans son cœur, que la réconciliation aurait lieu dès le matin venu : ils avaient prévu, avant qu'éclate leur dispute, une partie de chasse. Rassurés par cette idée, ils s'endormirent enfin, le sourire aux lèvres.

Le petit jour arriva.

C'est le cadet qui sauta le premier sur ses pieds. Pressé de retrouver son aîné, il attrapa son arc et tira… juste au moment ou son frère ouvrait ses volets. La flèche l'atteignit en plein cœur et il s'écroula.

Le meurtrier, fou de douleur, sauta sur son cheval et disparut dans la forêt. On ne le revit plus jamais.

Mais pendant longtemps, au coucher du soleil, le vacarme d'une chasse infernale se fit entendre sur les lieux à chaque anniversaire de ce triste jour d'octobre. Les villageois des alentours se signaient en murmurant des prières, ils ne sortaient de chez eux sous aucun prétexte, de peur de rencontrer les fantômes.

Le temps passa.

Bien des années plus tard, un descendant du roi des ménétriers apprit cette histoire, et celle-ci toucha son cœur. Il travailla donc à composer un morceau dans le but d'apaiser l'âme du pauvre revenant : c'était une ode à Notre Dame. Il termina juste à temps. Le fameux soir venu, alors que tous étaient calfeutrés chez eux, il accorda son violon et s'installa entre les deux châteaux. Lorsque les premières étoiles apparurent dans le ciel, il commença à jouer. Il ne s'arrêta pas en entendant les aboiements des chiens, le son du cor, le fracas des sabots des chevaux, les cris indistincts des hommes. Les yeux fermés, il joua. Il joua longtemps, de toute son âme, et peu à peu, le terrible vacarme s'amenuisa, puis se tut.

La nuit noire était redevenue silencieuse. Une petite brise presque tiède se mit à souffler, caressant la joue du vieil homme dans un murmure apaisé, et il crut soudain, pendant quelques instants, entendre au loin comme l'écho de rires d'enfants.

Il rentra chez lui et se coucha le sourire aux lèvres.

La recette du bonheur

Le fils unique du seigneur de Ferrette était un doux rêveur. Il n'aimait rien tant que se promener dans la forêt et la campagne. Le nez au vent, il laissait son esprit vagabonder où bon lui semblait, s'arrêtant parfois pour noter quelques vers ou une idée particulièrement intéressante qui lui traversait la tête.

Si son père considérait ces escapades d'un œil indulgent, il espérait bien qu'avec le temps, le jeune homme occuperait ses journées à des activités plus sérieuses, plus matures, plus productives. Parbleu, un comté à gérer, ce n'était certes pas une affaire de poète !

Un jour, le damoiseau, parti de bon matin pour profiter de la fraîcheur, avait couvert plusieurs lieues vers l'ouest. Il baguenaudait dans la verdure lorsqu'il croisa tout à coup un troupeau de moutons. Ceux-ci, quoi que de belle allure, n'avaient rien de particulièrement frappant. En revanche, leur bergère était la créature la plus exquise, la plus gracieuse, la plus enchanteresse qu'on put voir. Le garçon resta saisi, frappé par l'amour. Figé comme une statue, il la regarda passer. Elle poussait au derrière, avec une baguette de bois, quelques petits agneaux tentés de ralentir leur allure.

La belle ne le vit pas – ou fit mine de ne pas le voir – mais alors qu'elle avait presque disparu au tournant d'un sentier escarpé, elle s'assit quelques minutes sur une grande pierre blanche pour se reposer un peu avant de reprendre son chemin.

Rentré fort tard, l'héritier du comte ne desserra pas les dents du dîner. L'air absent, il afficha tout au long du repas un sourire niais qui agaça considérablement son père. Il ne répondit pas aux questions qu'on tenta de lui poser et partit se coucher tôt en fredonnant une charmante chanson romantique.

Évidemment, le lendemain, à la même heure, il retourna au même endroit. La fille se fit un peu attendre, mais elle finit par paraître, solaire, entourée des jolis nuages immaculés que formait son troupeau. Le jeune homme, une fois de plus pétrifié, la regarda passer sur le chemin, le cœur sur le point d'exploser. Elle ne leva pas les yeux, mais il lui sembla qu'elle avait, sur les lèvres, un petit sourire qui lui était destiné. Il n'osa pas la rejoindre lorsque, comme la veille, elle s'arrêta et s'assit sur la pierre au bord du chemin.

Le manège, se reproduisant à l'identique, dura quelques jours, sous l'œil amusé des moutons. Enfin, par une belle après-midi, alors que son timide soupirant n'était pas au rendez-vous et qu'elle en concevait du dépit, la bergère trouva, gravé sur la pierre blanche, un poème lui déclarant sa flamme. À peine avait-elle fini de le lire (car c'était une bergère instruite) que le fils du comte apparut. Il la prit dans ses bras et elle accepta de l'épouser.

C'était sans compter la réaction du papa. Car celui-ci fut épouvanté par la perspective. Quoi ?! La chair de sa chair, avec une gardeuse de moutons ? Enfin, on n'était pas dans un conte de fées ! Mais son rejeton insista avec tant de douceur, il fit preuve de tant de persuasion qu'il finit par flancher : la main sur le cœur, il déclara que si l'aspirante fiancée réussissait à accomplir

un exploit la rendant digne d'une telle union, il réviserait son jugement et l'accueillerait comme sa bru.

Les amoureux réfléchirent longtemps. Ils envisagèrent mille et une façons de prouver la valeur de la demoiselle – laquelle, de fait, n'était pas seulement jolie, mais aussi intelligente et avisée, bienveillante avec autrui et digne de confiance quand elle donnait sa parole. Hélas, à chaque nouvelle idée, le garçon, qui connaissait bien son père, hochait la tête en fronçant les sourcils. Cela ne suffirait pas… cela ne suffirait pas…

Le désespoir les guettait.

Heureusement, la jeune fille eut soudain une inspiration : elle proposa de cuisiner pour son futur beau-père de merveilleux poissons d'or, le mets le plus délicat, le plus délicieux, le plus savoureux qui soit, certainement capable d'attendrir le cœur le plus endurci. Aussi intrigué qu'alléché, le comte accepta, allant jusqu'à lui ouvrir la cuisine de son château pour qu'elle puisse plus aisément officier.

La bergère alla donc pêcher la plus belle des carpes. Elle vida ensuite le poisson, le prépara à sa façon, puis le fit dorer à point dans une huile légère et parfumée. Le seigneur de Ferrette, en savourant son plat, pleura d'émotion. Il ouvrit ses bras, organisa séance tenante une noce somptueuse et fit ériger, dans la foulée, un château pour accueillir le jeune couple.

Celui-ci fut construit sur la pierre blanche sur laquelle le poème avait été gravé.

Le sinistre festin

Le comte des Deux-Ponts se réjouit beaucoup quand il hérita d'un nouveau château à Scharrachbergheim. D'un naturel insouciant, il ne remarqua même pas les grimaces lugubres du notaire qui lui faisait signer les papiers officiels. Il n'écouta pas non plus les grommellements du vieillard à propos des événements absolument épouvantables qui s'étaient déroulés dans ces lieux.

À peine les formalités accomplies, il organisa la visite de la propriété. Comme on était en automne et que le temps s'y prêtait, il s'offrit, en chemin, une petite partie de chasse, au cours de laquelle il occit avec son habileté coutumière quelques oiseaux de diverses tailles ainsi qu'un gros lièvre.

Il était d'excellente humeur lorsqu'il arriva dans la vallée et qu'il découvrit sa nouvelle demeure. Après l'avoir admirée – ses belles tourelles d'angle achevèrent de le remplir de joie – il ordonna qu'on abaisse le pont-levis et franchit les douves en sifflotant gaiement sous l'œil d'un héron cendré.

Dans l'allée, il rencontra son intendant.

L'homme leva la main pour le saluer, puis lui fit signe de s'arrêter à sa hauteur. La mine macabre, il articula :

— Monseigneur, mille pardons, mais vous feriez mieux de rentrer promptement chez vous.

— Diantre, en voilà une drôle d'idée. Je suis ici chez moi. Laissez-moi passer, mon brave.

— Vous allez le regretter…

— Quoi ? Des menaces ?

— Je n'oserais pas, votre grâce, mais vous devez savoir que cet endroit est maudit.

Le comte éclata d'un rire tonitruant.

— Sornettes ! Hâtez-vous de me rejoindre à l'intérieur si vous ne voulez pas provoquer mon courroux !

Une fois son cheval à l'écurie, il prit possession du château – aussi magnifique qu'il l'espérait ! – pendant qu'on rôtissait le gibier qu'il avait apporté avec lui. Il avait exigé qu'on le lui serve, pour son dîner, à la grande table seigneuriale.

Ses serviteurs, deux jeunes gens pâles et terriblement nerveux, tentèrent de l'en dissuader. Quand il se dirigea d'un pas assuré vers la salle à manger, ils le suivirent sans un mot. Sur le seuil de la pièce, ils l'arrêtèrent pour lui chuchoter à l'oreille :

— Maître, vous ne devriez pas vous installer ici !

— Et pourquoi donc ?

— L'endroit est hanté…

— Fadaises ! Sotteries ! répondit le jeune homme tout en les bousculant un peu rudement.

Il prit place avec un plaisir évident dans un immense fauteuil recouvert de velours pourpre, tandis qu'on finissait de s'activer en cuisine.

Quand son repas fut enfin prêt, il s'installa à table. Or, à peine avait-il humé le parfum délicieux qui montait des plats fumants qu'un froid glacial s'abattit sur lui. Il frissonna, malgré le feu qui brûlait dans la cheminée. Il se resservit un verre de vin afin de se réchauffer, puis appela à grands cris pour faire venir ses gens.

— Qu'on ajoute des bûches dans l'âtre ! Qu'on tire les lourds rideaux !

Mais personne ne répondit : tous les domestiques s'étaient évaporés.

Le comte se sentit soudain très seul, et sa belle assurance commença à faiblir. Les mets somptueux étalés sur la table ne lui faisaient même plus envie. C'est alors que les lumières des torches pâlirent, et que la grande porte de chêne s'ouvrit en grinçant.

Un individu d'assez petite taille apparut. Le poil noir, la mine sombre, il était vêtu d'un pourpoint rouge sur un haut de chausse vert foncé et portait de hautes bottes de cuir marron aux pieds. Il s'avança sans jeter un œil ni au comte, ni à la table, pour se poster devant la cheminée. Il sembla s'absorber dans la contemplation des flammes, mais l'expression de son visage trahissait sa nervosité. Il serrait et desserrait aussi les poings dans un mouvement de rage contenue.

Quelques instants plus tard, une belle dame aux longs cheveux défaits le suivit. Sa robe d'étoffe bleue tombait jusqu'à terre. Ses joues étaient baignées de larmes et elle se tordait les mains en gémissant.

— Pardonnez-moi, mon doux ami, je vous en prie !

L'homme, sans se retourner, gronda :

— Malheureuse, je vous l'ai déjà dit : vous êtes coupable et vous méritez d'être punie.

— Je vous jure que désormais ma fidélité sera exemplaire ! Sur la tête de vos quatre héritiers, je vous le jure !

— Ma dame, il est trop tard. Et votre terrible faute a condamné ces innocents. Croyez-moi, le ruisseau s'assèchera avant que vos larmes tarissent.

Elle cacha son visage dans ses mains, les épaules secouées de sanglots déchirants.

Le mari ne bougea pas d'un cil. Entrèrent alors quatre enfants, suivis d'un très bel homme, vêtu assez modestement. Ce dernier jetait à la dame des regards d'amour fou.

Elle poussa un petit cri aigu quand son époux, très calmement, s'avança vers les nouveaux venus. Sans un mot, il les égorgea tous les cinq avec son coutelas. Après quoi, il se tourna vers la table. Toujours sans accorder la moindre attention à celui qui y était déjà installé, il choisit un siège, s'y laissa tomber et commença à avaler mécaniquement absolument tout ce qui se trouvait devant lui.

La femme resta debout, livide, les yeux fixés sur les victimes de l'épouvantable massacre. Pendant ce temps, son époux continuait d'ingurgiter, le regard vide, les savoureux morceaux d'oie cendrée, de perdrix et de lièvre rôtis. Le tapis, petit à petit, s'imprégna du sang des victimes pour prendre une teinte rouge foncé.

Cela dura aussi longtemps que dura la nuit. Au chant du coq, cependant, les revenants disparurent et tout redevint normal. Mais le comte des Deux-Ponts, après avoir libéré tout le personnel de ses engagements, quitta le château aussi vite qu'il le put.

La magnifique bâtisse, abandonnée, finit par tomber en ruines.

Les femmes-louves

Nul ne sait pour quelle raison les filles de la région avaient un jour perdu tout leur intérêt aux yeux de certains hommes. Même les plus belles, les plus futées, les plus robustes ne trouvaient plus grâce à leurs yeux.

Se détournant d'abord d'elles, puis quelques mois plus tard de tous leurs semblables, des garçons venus de plusieurs villages des environs élirent domicile dans des grottes, tout au fond de la forêt, non loin de la forteresse abandonnée du Nideck.

Ils y vécurent un temps, se nourrissant de gibier et de quelques baies ou champignons ramassés ici ou là, s'abreuvant à la cascade, se vêtant des peaux des bêtes abattues comme leurs ancêtres l'avaient fait autrefois. De plus en plus sauvages et silencieux, les membres de cette nouvelle tribu n'eurent bientôt plus aucun contact avec les autres humains.

Un jour, une meute de louves noires arriva dans le pays, venue de froides contrées du nord-est. Elles s'installèrent dans la forêt, et leurs hurlements furent, pour les fugitifs qui vivaient là, le plus suave des chants. Petit à petit les deux hordes s'apprivoisèrent l'une l'autre, et une nuit, les hommes prirent les louves pour épouses. De cette surprenante union naquit un clan d'individus aussi libres et forts que farouches, mais cruels.

S'ils habitèrent, un temps, le château, ils finirent par disparaître. Peut-être, chassés par les villageois des environs, se replièrent-ils dans d'autres terres, celles d'où étaient autrefois arrivées leurs ancêtres louves, plus au nord ou plus à l'est.

On raconte pourtant que tous les cent ans, certains d'entre eux, mi-loups, mi-hommes, reviennent dans la forêt, où ils se repaissent des voyageurs qui s'y sont égarés.

Le diable puisatier

Le château de Fleckenstein était impressionnant : plusieurs salles, comme certains escaliers, avaient été creusées à même le roc ; cela conférait à la bâtisse un caractère tout particulier et contribuait à la rendre imprenable.

Il manquait cependant quelque chose à cette forteresse troglodyte pour atteindre la perfection, car elle était dépourvue de puits. Bien sûr, les sources ne manquaient pas, alentour, mais enfin, on aurait toujours eu quelque chose de mieux à faire que trimbaler des outres, des tonneaux ou des bassines pour la cuisine, la lessive et l'abreuvoir des bêtes.

Gottfried, le seigneur des lieux, se désolait de cet état de fait. Il avait annoncé dans toute la vallée que le puisatier qui réussirait à creuser un puits au sein de son domaine repartirait couvert d'or. Les candidats avaient donc été nombreux, venant parfois de fort loin… mais ils s'étaient tous cassé les dents les uns après les autres et étaient repartis piteux, ni plus riches ni plus pauvres qu'ils étaient arrivés.

Cela mit le baron de fort méchante humeur. L'idée tourna même bientôt à l'obsession. Il imaginait son puits tout le jour et il en rêvait toute la nuit. Sa femme, ses enfants, ses gens n'osaient plus lui parler, tant il était préoccupé du matin au soir et du soir au matin.

Or, un jour, un étrange petit homme noiraud demanda à le rencontrer. Il alla droit au but, lui garantissant qu'en une journée, pas plus, il pourrait, tout seul, trouver intra-muros une eau aussi fraîche que limpide. Lorsque le seigneur lui demanda son prix, il sourit finement, caressa sa barbichette et murmura d'une voix très douce qu'on évoquerait cette question une fois qu'il aurait accompli sa tâche. Il voulait simplement qu'on le laisse travailler à son aise.

Il va sans dire que le châtelain, aux anges, accepta sans hésiter. Il offrit une collation exquise et ses meilleurs vins à son nouvel ami, puis il se retira, ordonnant à tous de l'imiter pour laisser le champ libre à l'homme de l'art.

Les heures qui suivirent lui parurent bien longues, mais il résista à l'envie d'aller voir où en était son nouveau puisatier. Il ne se sentait pas tout à fait à l'aise avec lui, quelque chose dans son regard de braise l'avait, il devait bien l'avouer, un peu inquiété.

Mais avant la fin du jour, on toqua à sa porte.

Le petit homme noiraud entra, soulevant son couvre-chef rouge, et, tout en effectuant la plus souple des révérences, il annonça que son travail était terminé. Des flammes de joie brillaient dans ses yeux lorsqu'il prit son commanditaire par le bras pour le mener à pas rapides vers le lieu de son exploit.

Le puits était bien là. Profond comme on n'imagine pas. Le baron, soudain, se demanda tout haut s'il y avait vraiment de l'eau au fond de ce trou. On lui répondit d'une voix sifflante qu'il pourrait le vérifier dans l'instant. C'est ainsi que l'étrange visiteur et le seigneur prirent ensemble place dans un gros baquet qui fut attaché à une corde et glissé dans les entrailles de la Terre.

Tout au long de la descente, la température ne cessa d'augmenter, et le châtelain, de moins en moins guilleret, se sentit de plus en plus échaudé.

Il jetait de temps en temps un regard vers le haut et s'inquiétait de voir l'ouverture menant à l'air libre s'amenuiser. Il trouva bientôt que son compagnon changeait de visage et d'allure. Il était de plus en plus velu, ses oreilles semblaient devenir pointues, et ses pieds, ah ! ses pieds, voici qu'ils ressemblaient plutôt aux sabots d'un bouc ! Et là en bas, qu'est-ce qui pouvait bien briller de la sorte ? Les flammes de l'enfer ?!

Le seigneur poussa un hurlement, moitié de peur, moitié de rage de s'être fait ainsi rouler dans la farine. Ensuite, il invoqua Dieu le Père, son fils Jésus et la Vierge Marie, ce qui eut pour effet de précipiter le diable – car c'était lui ! – par-dessus bord. Entendant ce vacarme, les domestiques s'empressèrent de tirer sur la corde.

Un peu roussi par l'aventure, le maître des lieux fit chercher un prêtre et lui ordonna de verser sur le champ une grande quantité d'eau bénite dans le puits. L'homme d'église s'exécuta promptement, avec quelques prières supplémentaires pour la bonne bouche.

Un terrible grondement se fit entendre, la Terre sembla trembler… et puis, plus rien.

Mais depuis ce jour, le puits du château donne de l'eau en abondance. Une eau toujours fraîche et limpide.

Un sombre prétendant

Le riche comte de Geroldseck était une vraie brute. Colérique, inculte, grossier, il n'aimait rien tant que chasser et ripailler avec ses soudards en beuglant des chansons à boire. Sa réputation s'étendait bien au-delà de ses terres, et il passait, du nord au sud, pour le seigneur le plus détestable de tout le pays.

Or, le jour où il avait rencontré la délicieuse fille du seigneur du Freundstein, il avait décidé qu'elle seule – et nulle autre femme sur Terre – serait son épouse. Cachant sa vraie nature sous des airs aimables, il n'avait alors plus eu qu'une idée en tête : lui faire la cour. Il multiplia ainsi les attentions, lui faisant porter de somptueux présents : pierreries, bijoux, étoffes fines et manuscrits richement enluminés. Ces manœuvres restèrent cependant sans succès : la belle savait à quel parti elle avait en réalité affaire. De plus, elle était éprise d'un page qui l'aimait en retour…

Plutôt importunée par ces marques d'intérêt, elle tenta donc de faire comprendre au fâcheux à quel point il était inutile d'insister.

Comme on peut s'en douter, le comte ne supportait pas qu'on lui résiste. Très rapidement, la douceur fut remplacée par une autre stratégie : escomptant que le seigneur serait favorable à cette union, il s'en alla le voir pour exiger la main de la demoiselle. Celle-ci, consultée par son père qui ne voulait que son bonheur, jura qu'elle préférait cent fois mourir que se retrouver unie à ce rustre. C'est ainsi que le vieil homme déclina à son tour.

Alors, le comte entra dans une rage noire. Quoi ? On osait lui tenir tête ? On n'appréciait pas à sa juste valeur l'intérêt qu'il témoignait à la donzelle ? Cela ne se passerait pas comme ça. Il la voulait, il l'aurait, quel que soit le prix à payer et même s'il fallait user de la force.

C'est ce qu'il fit : il rassembla ses soldats et les lança à l'assaut du château du Freundstein. Nul, sur place, ne s'attendait à une telle attaque et, tandis que son père encourageait ses hommes à repousser l'ennemi, la jeune fille s'enferma dans sa chambre où elle fit les cent pas en se tordant les mains. Son amoureux, le page, s'illustra brillamment dans la bataille, mais il y fut mortellement blessé.

La résistance ne put durer très longtemps, et pour finir, la place céda.

Fou de désir, le comte, à la tête de ses hommes, chevauchant un étalon noir, franchit triomphalement le pont-levis, dans un vacarme de tous les diables. Mais le seigneur, lorsqu'il vit que tout espoir était perdu, courut chercher sa fille. Il la prit avec lui sur son cheval blanc, qu'il précipita du haut des remparts vertigineux au plus profond de la vallée en contrebas. Il fut suivi de peu par le prétendant diabolique, debout sur ses étriers, échevelé et le regard dément.

Deux chênes, aujourd'hui encore, marquent la place où les malheureux s'écrasèrent.

Souvent, lorsque la nuit est noire, on peut entendre à proximité de l'endroit où s'élevait le château le bruit de sabots frappant durement la pierre.

Certains jurent même avoir aperçu, sur les ruines, un étalon noir monté par un géant hirsute. Il poursuit le cheval blanc du seigneur des lieux. Et celui-ci tient toujours sa chère fille entre ses bras.

Le trésor interdit

Hans cheminait paisiblement, un grand panier d'osier au bras. Le jeune homme avait promis à sa mère de lui rapporter une belle récolte de trompettes de la mort qui améliorerait le dîner. Il faisait encore bon par cette fin d'après-midi d'automne. La forêt était calme, presque silencieuse. Les derniers rayons du soleil jouaient avec les branches des arbres, leur donnant un relief tout particulier. L'esprit perdu dans une douce rêverie, le jeune homme allait au hasard, et il s'était ainsi considérablement éloigné du sentier.

Il entendit soudain une branche craquer, comme si quelqu'un le suivait. Il se retourna, ne vit personne, se dit qu'il avait rêvé et reprit son chemin sans s'inquiéter. Mais quelques minutes plus tard, c'est en amont du sentier qu'un léger froissement de feuilles, suivi d'une exclamation étouffée, le fit sursauter.

Il hâta le pas, curieux de voir ce qui avait provoqué ces bruits. C'est en dépassant un gros sapin qu'il la découvrit.

Elle était éblouissante : une bouche de vermeil, des yeux de velours, des cheveux brillant comme de l'or en cascade sur ses épaules… Elle était vêtue d'une longue robe blanche qui tombait jusqu'à ses petits pieds chaussés de pantoufles de soie.

Elle le regarda venir vers elle, une expression indéchiffrable sur son beau visage, et quand il fut tout proche, lui posa la question la plus étonnante qui soit :

— As-tu sommeillé, lorsque tu étais bébé, au creux d'un berceau taillé dans du bois de chêne ?

Interloqué, Hans murmura :

— Parbleu oui… Mon père l'avait fabriqué de ses mains… dans le tronc d'un arbre qu'il avait abattu ici même… comment le savez-vous ?

Le visage de la dame s'éclaira alors et elle lui prit la main. Ils s'assirent tous les deux sur un tronc, que des bûcherons avaient laissé là. Il était fasciné.

— Qui êtes-vous ? Comment vous appelez-vous ?

— Mon nom n'a aucune importance… Tout ce que tu dois savoir, c'est que j'ai besoin d'aide.

— Je ferai n'importe quoi pour vous ! s'enflamma-t-il. Demandez, et je m'exécuterai. Quelque vilain vous cause-t-il du souci ? Avez-vous besoin d'assistance pour une tâche difficile ?

Elle le contempla un instant, la mine songeuse.

— Viendras-tu me retrouver ici même, demain, à minuit ?

— Bien sûr.

— Pourras-tu apporter avec toi deux grandes torches, et de quoi les allumer ?

— Certainement.

— À la lueur de celles-ci, m'accompagneras-tu ensuite jusqu'au château de Reichenstein ?

— Sans aucun doute.

Ils se turent un long moment, avant qu'il ose la questionner :

— Ma Dame, dites-moi, que ferons-nous, une fois arrivés au château ?

— Tu gagneras un immense trésor, tout en me délivrant.

— Que devrai-je faire ?

Elle baissa les paupières, et souffla, d'une voix soudain devenue un peu rauque :

— Il te suffira de ne pas lâcher ma main, quoi qu'il advienne.

Et puis elle se leva et disparut.

Quand Hans rentra chez lui, il effectua mécaniquement quelques menus travaux pour aider sa mère, puis alla se coucher sous son édredon de plumes. Bien sûr, il ne réussit pas à fermer l'œil. La journée du lendemain lui sembla durer une éternité. Une fois la nuit tombée, il sortit sans bruit par la fenêtre de sa chambre, muni, comme il l'avait promis, de deux torches et du briquet de son père.

Il la retrouva sans encombre, et elle lui caressa doucement la joue avant de le conduire par la main au milieu des arbres. Sous leurs pas, le sentier se transforma en une belle voie dallée, et les portes d'un château, apparu comme par magie, s'ouvrirent toutes seules devant eux. Toujours main dans la main, ils longèrent de sombres couloirs, traversèrent des salles somptueuses, descendirent des escaliers vertigineux… enfin, ils arrivèrent au sous-sol. Là, la belle dame s'arrêta. Hans leva courageusement la torche qu'il tenait à la main et avança, l'entraînant dans son sillage.

Tout au fond de la cave, un énorme chien – énorme comme un ours ! – était couché devant un imposant coffre de bois. À leur arrivée, il se redressa. Son poil s'était hérissé, ses yeux jaunes semblaient lancer des éclairs, une bave affreuse coulait de sa gueule.

De saisissement, Hans faillit bien lâcher et la torche et la main de la dame, il se reprit juste à temps. Son regard planté dans les yeux du molosse, il fit un pas encore, tentant d'imaginer les merveilles contenues dans le coffre. Sans doute s'agissait-il de pièces d'or, ou de pierreries… Elles seraient toutes à lui s'il réussissait à dompter sa peur… Il jeta un regard vers sa compagne : elle semblait hypnotisée par la bête.

Alors, comme venue du fond de l'enfer, une plainte sortit de la gorge de l'animal. Une plainte aigüe et terrible. Une plainte à vous faire dresser les cheveux sur la tête. Une plainte à vous glacer le sang.

Le jeune homme sentit comme une coulée de plomb descendre lentement depuis sa nuque jusqu'au bas de son dos, et sa raison l'abandonner. Submergé par la panique, il se sauva à toutes jambes pour retrouver le plus vite possible sa petite maison et la chaleur des plumes d'oies qui garnissaient son édredon.

Abandonnée à son sort dans la cave du château, la dame, tombée à genoux, se mit à gémir. Sa voix s'éleva, plaintive, dans le silence caverneux.

— Pauvre de moi ! Maintenant, il me faudra une nouvelle fois attendre ! Attendre neuf fois neuf ans ! Et que pousse alors dans ma forêt un nouveau chêne ! Puis qu'un homme coupe cet arbre ! Et qu'il en fasse un berceau ! Seul l'enfant y ayant dormi pourra tenter, devenu grand, de me délivrer… Oh, pauvre, pauvre de moi…

Toujours à son poste, l'énorme chien aux yeux jaunes lui lança à peine un regard indifférent. Il se coucha ensuite en rond devant le coffre et se rendormit avec un petit grognement d'aise. donc de faire comprendre au fâcheux à quel point il était inutile d'insister.

Une ruse démoniaque

Le château de Loewenstein ayant été délaissé par ses propriétaires, un chevalier sans terres y élut un jour domicile. Il fut bientôt rejoint par un groupe d'hommes, plus ou moins truands, plus ou moins brigands, et la petite troupe fit rapidement profession de détrousser les voyageurs et marchands qui s'aventuraient un peu trop près de leur repaire.

S'enhardissant au fil du temps, ils devinrent la terreur de la région. Les villageois des alentours tentèrent bien de s'unir en une armée pour leur tenir tête, mais la forteresse était imprenable. De plus, après chacun de leurs exploits, il était tout bonnement impossible de suivre la trace des malfaiteurs qui semblaient s'évaporer, se fondre dans la forêt…

Les aspirants justiciers revenaient donc toujours bredouilles et bouillant de rage. On se cotisa pour acheter dans une grande ville des environs les plus fins limiers : des chiens dont l'odorat était si aiguisé qu'ils pouvaient retrouver une piste à des lieues à la ronde ! Peine perdue.

Les langues se dénouèrent alors de plus en plus. Certains tenaient de source sûre que le chevalier-brigand était protégé par quelque puissance maléfique. D'autres n'hésitaient pas à affirmer qu'il avait conclu un pacte avec le diable en personne, et que ses pouvoirs lui permettaient de disparaître dans la roche. D'autres enfin murmuraient que l'homme était en réalité un fantôme, accompagné de nombreuses âmes damnées, venues tourmenter les vivants pour les siècles des siècles, châtiment divin pour le manque de piété des habitants de la région.

Le bruit se répandit dans toute la contrée qu'il fallait éviter les alentours du château, et l'endroit devint de plus en plus isolé. Chacun sursautait au moindre petit bruit. Plus personne n'osait quitter son village ou son hameau. On interdit aux enfants de s'éloigner. Mais comme il y avait toujours des voyageurs venant de trop loin pour avoir été prévenus du danger, le chevalier et ses complices continuèrent inlassablement leurs méfaits.

Un jour, cependant, l'homme fut arrêté par les troupes de l'évêque dans une auberge où il avait eu l'imprudence de se rendre, accompagné de son fils et de son serviteur.

— Misérable ! S'exclama le soldat qui l'avait reconnu. Tu vas payer pour tes forfaits !

Le chevalier tenta de résister, mais tous les clients de l'auberge se dressèrent contre lui, avides de vengeance. Les trois compagnons furent bien vite maîtrisés, puis traînés en prison. Devant la potence, en chemise, les mains liées derrière le dos, le chef de la bande ne trembla pas.

La foule venue assister à son exécution jubilait. Les insultes se mirent à fuser.

— Voleur ! Malfrat ! Sorcier !

— Suppôt de Satan ! Allez ! Montre-nous maintenant comment tu disparais en fumée !

— Demande donc au maître des ténèbres de te venir en aide !

— Tous tes sortilèges ne te sont plus d'aucun secours !

Soudain, l'homme partit d'un grand éclat de rire.

— Quels misérables idiots vous faites ! C'est grâce à ma ruse, et non grâce aux pouvoirs du démon, que je vous ai bernés pendant aussi longtemps !

Tout le monde se tut, intrigué. Le condamné poursuivit, alors qu'il s'approchait bravement du bourreau :

— C'était simple, pourtant. Tous les chevaux de mon écurie étaient ferrés… à l'envers.

Les gens assemblés ne comprirent pas tous la manœuvre. Alors que les plus vifs d'esprit hochaient la tête avec un demi sourire, ne pouvant s'empêcher d'admirer l'ingéniosité du procédé, les autres s'énervaient encore davantage :

— À l'envers ? Mais comment ? Pourquoi ?

— Quelles sont ces sornettes ?

Le chevalier lança, la voix pleine de mépris :

— Les traces que nous laissions indiquaient le chemin inverse de celui que nous suivions…

Le silence se fit, dans la foule. Après un petit moment, l'homme reprit :

— Je suis responsable de mes actes, comme mon fils, et nous paierons le prix de nos forfaits. En revanche, mon valet est innocent. Il est injuste de le condamner.

— Compagnons de route, compagnons de capture, compagnons de corde, se borna-t-on à lui répondre.

Puis, le bourreau fit son office.

Le vilain gnome tout voûté tout ridé

Trois jeunes soldats – un grenadier et deux fusiliers – étaient gaillardement partis à la guerre. Au bout de quelques batailles, pourtant, ils s'étaient dit qu'il n'était pas très malin de se faire trouer la peau.

Ils décidèrent donc un jour de quitter discrètement le champ de bataille afin de rentrer chez eux.

Ils avaient pour cela habilement profité d'une manœuvre ordonnée par leur chef. Ils avaient d'abord rampé dans la boue en direction d'un gros buisson, derrière lequel ils s'étaient cachés. Ensuite, une fois que les troupes avaient commencé à s'éloigner, ils avaient pris la direction opposée pour s'enfuir à toutes jambes.

Après plusieurs jours de marche, ils étaient arrivés dans une vallée où ils avaient découvert le château de Blochmont. Celui-ci était désert, mais bien meublé et tout à fait confortable. Les provisions étaient abondantes dans les réserves, et dans la cave, de nombreux tonneaux de vin s'alignaient joliment. Les trois jeunes gens, charmés par cet endroit, s'y installèrent sans se poser de questions.

Un jour que deux d'entre eux étaient partis faire un tour, le troisième, resté à l'intérieur, vit soudain apparaître près de lui un vilain gnome, tout voûté, tout ridé. L'air misérable, le petit bonhomme lui demanda un peu de pain et de vin. Comme le garçon avait bon cœur, il s'empressa de lui apporter de quoi se nourrir. Hélas ! dans sa précipitation, il fit tomber un morceau de pain sur le sol. Quand il se pencha pour le ramasser, le méchant nabot se jeta sur lui pour lui botter les fesses à l'aide de ses béquilles. Il regagna ensuite son logis au sous-sol en ricanant.

De peur qu'on se moque de lui, le fusilier ne raconta pas ce qui lui était arrivé à ses deux camarades qui rentraient de leur promenade. Il expliqua simplement les douleurs qui le faisaient marcher comme un petit vieux par une mauvaise chute dans un escalier. Il quitta la compagnie pour aller se coucher à peine le souper achevé.

Quelques jours plus tard, le second fusilier vécut exactement la même mésaventure lors d'une absence des deux autres. Pas plus que le premier, il ne voulut en parler.

Ce fut enfin au tour du grenadier. Mais celui-ci était vif comme l'éclair. Comprenant les intentions du vilain gnome tout voûté, tout ridé, il lui arracha ses béquilles des mains… pour lui administrer lui-même une belle correction.

Le petit bonhomme cria tout ce qu'il pouvait.

— Aïe ! Aïe ! Aïe ! Messire, pitié !

— Ha ha ! Je suis sans pitié pour les méchants !

— Voulez-vous bien cesser de me frapper ?

— Ho ho ! Pendard ! Tu voulais me jouer un bien mauvais tour !

— C'est vrai ! Aïe ! Aïe ! Mille pardons !

— Il n'y a pas de pardon, misérable petit monstre !

— Parbleu ! Si vous arrêtez… je vous offrirai un trésor !

Le jeune homme suspendit alors son geste pour mieux dresser l'oreille.

— Un trésor ? Voilà qui est intéressant…

— Certes, messire ! Dans ce château (le saviez-vous ?) il y a un souterrain…

— Ouiiiiii ?

— Dans ce souterrain, on trouve des soupirails…

— On dit des « soupiraux » ! Ignorant !

— D'accord ! Des soupiraux !

— Eh bien… ?

— Derrière le troisième de ces… soupiraux, se trouve un puits asséché…

— Ouiiiiii ?

— Au fond de celui-ci commence un passage secret…

— Ouiiiiiii ?

— Passage secret qui mène à trois chambres…

Le grenadier commençait à s'agacer. Il brandit derechef son arme de fortune, dans un geste menaçant.

— Tu te moques de moi ? Viens-en au fait, maintenant ! Tu as parlé d'un trésor ?

— Pitié, mon seigneur ! J'y arrive !

— Promptement !

— Les chambres abritent trois géants qui gardent là, prisonnières, les trois filles… du roi du Portugal. Voilà.

— Et alors ?

— Alors, sans aucun doute, le souverain, désespéré, saura prouver sa gratitude et couvrira d'or celui qui réussira à ramener les princesses chez elles !

Le jeune homme, songeur, lâcha enfin les béquilles. Le gnome tout voûté, tout ridé, les récupéra et se sauva en se massant le bas du dos.

Le grenadier attendit impatiemment le retour de ses amis pour tout leur raconter. Ils battirent des mains de joie, imaginant déjà les richesses dont ils seraient bientôt propriétaires. Ils se dépêchèrent donc de trouver le passage secret et s'y engagèrent bravement.

Mais les deux fusiliers n'étaient pas si courageux. En voyant les géants, ils déguerpirent ventre à terre. Seul le grenadier resta sur place. Il se cacha dans un tonneau vide pour attendre la nuit. Dès que les monstres se mirent à ronfler, il réussit à libérer les prisonnières. Malheureusement, les portes grincèrent horriblement en s'ouvrant et réveillèrent les gardiens endormis. Les demoiselles se battirent alors vaillamment, jusqu'à la victoire, aux côtés de leur sauveur.

— Oh là ! camarades ! cria le jeune homme, quand ils arrivèrent au fond du puits.

— Qu'y a-t-il ? répondit une voix encore apeurée.

— Les princesses et moi, nous avons vaincu les géants !

— Bravo !

— Aidez-nous maintenant à remonter !

— Nous vous envoyons une corde !

Le grenadier s'inclina :

— Les dames d'abord !

Les princesses remontèrent donc les premières. Quand ce fut enfin au tour du jeune homme, il attendit longtemps. Les deux autres, une fois les demoiselles récupérées, leur avaient raconté des sornettes pour les convaincre d'abandonner le grenadier.

Il s'assit sur une pierre et prit sa tête dans ses mains.

Le gnome tout voûté tout ridé apparut alors. Il pansa gentiment ses plaies, lui offrit un bon repas et un lit de plumes, l'assurant qu'il serait sur pieds en quelques jours.

Quand le blessé fut rétabli, il reçut des mains de son nouvel ami une bourse d'or et un cheval, qu'il enfourcha sans tarder. Il partit en direction du sud-ouest, ne s'arrêtant que pour manger et laisser sa monture se reposer.

Quand il arriva enfin au palais du roi du Portugal, on le prit pour un fou. Mais la plus maligne des princesses le reconnut et, comprenant la trahison de ses compagnons, elle courut avertir son père. Les affreux furent aussitôt jetés dans des chaudrons d'eau bouillante.

Les deux jeunes gens tombèrent amoureux l'un de l'autre, et ils se marièrent bientôt en grande pompe. Ils décidèrent, après leur noce, de retourner au château pour remercier le gentil gnome tout voûté, tout ridé, mais celui-ci resta invisible.

Nul ne l'a, d'ailleurs, plus jamais revu depuis.

Les galants des brigandes

Bien des châteaux furent, à un moment ou à un autre, occupés par des chevaliers-brigands qui détroussaient les voyageurs. Il s'agissait généralement d'hommes, mais on rapporte qu'à une époque, c'était un trio de jeunes filles qui menait la danse au château de Steinschloss. La première était brune, la deuxième était blonde et la dernière était rousse.

On ne leur connaissait aucune famille, ni aucun ami, mais chacune d'elles avait dressé un faucon qui ne la quittait pas. Belles comme le jour, libres comme l'air, mais absolument cruelles, elles organisaient, dès que leur trésor menaçait de s'amenuiser, des embuscades diaboliques dont elles ne rentraient en riant qu'une fois leurs poches remplies d'or. Toute la vallée les craignait, mais nul ne songeait à s'attaquer à elles, car on les disait un peu sorcières.

Un jour, alors que la demoiselle brune se promenait dans les bois à la recherche de châtaignes dont elle était friande, un charmant jeune homme apparut soudain, comme surgi de nulle part. D'une taille impressionnante, les épaules carrées, il portait un pourpoint rouge et un coquet chapeau orné d'une plume. Il parlait d'une voix grave, caressante comme du velours. En sa compagnie, la belle ne vit pas le temps passer. Quand elle réalisa qu'il fallait rentrer, la nuit commençait déjà à tomber. L'inconnu dit alors :

— Tu es celle que j'attends depuis toujours. Mes parents viennent de mourir, me laissant toutes leurs richesses. Si tu l'acceptes, deviens ma femme. Je viendrai t'épouser, en grande pompe, à la prochaine lune. Ne t'occupe de rien, j'apporterai tout ce dont nous aurons besoin pour la noce.

Sur ce, il enfourcha le cheval de sa fiancée et partit au galop. Quand elle rentra au château, elle ne dit pas un mot de son aventure et laissa les châtaignes brûler dans l'âtre.

Quelques temps plus tard, la demoiselle blonde, souffrant d'insomnie, sortit pour une promenade au clair de lune. Elle chevauchait, cheveux au vent, goûtant l'air frais de la nuit quand elle aperçut, au détour d'un sentier, un jouvenceau vêtu de blanc. Mince et délié comme un elfe, il était assis sur une souche, les yeux clos ; les sons qu'il tirait de son étrange pipeau avaient quelque chose d'hypnotique.

Elle s'avança vers lui et il s'arrêta de jouer. Il sauta sur ses pieds avant de s'incliner en une gracieuse révérence. Bientôt, ils discutaient, riaient, chantaient de vieilles ballades, comme s'ils étaient les plus vieux amis du monde. Après de longues heures exquises, le jeune homme dit :

— Toute ma vie j'ai rêvé d'une femme telle que toi. Mon immense fortune me permettra de t'offrir l'existence que tu mérites ! Unissons-nous à la prochaine lune… Ne t'occupe de rien, j'apporterai tout ce dont nous aurons besoin pour la noce.

Après lui avoir embrassé le creux du poignet, il se saisit d'autorité des rênes de son cheval, se mit en selle et disparut au coin du bois. À l'est, le soleil pointait ses premiers rayons.

Elle rentra à pieds et avala un quignon de pain avant de se retirer dans sa chambre où elle dormit d'une traite pendant toute la journée.

Peu après, la demoiselle rousse, elle aussi, rencontra un prétendant. Celui-ci cabriolait sur la mousse des pierres et sautait par-dessus les ruisseaux en riant. Il la prit par la main et l'entraîna dans sa course folle : elle crut qu'ils atteignaient les nuages ! Il la séduisit sans peine et fixa leurs épousailles à la même date que les autres… avant de disparaître, lui aussi, sur la monture de sa promise.

Personne, au château, n'évoqua ni ces rencontres, ni ces projets. Le temps semblait suspendu, mais le jour attendu finit par arriver. Sans se concerter, les trois jeunes filles se préparèrent pendant de longues heures dans la haute tour de grès où se trouvaient leurs chambres.

En fin d'après-midi, le bruit d'une multitude de sabots frappant le sol se fit entendre. Du haut du piton rocheux que surplombait le donjon, elles virent arriver les trois fiancés, accompagnés, comme ils l'avaient promis, d'une foule de serviteurs chargés de victuailles. De somptueuses tables furent dressées dans la cour. Le soir venu, on alluma des centaines de grandes torches et un joyeux banquet commença, au son d'une musique endiablée. Les plats de poissons et de gibier se succédaient, le vin coulait à flots.

Le bruit et la débauche de lumières étaient tels qu'ils atteignirent la vallée ! Mais les quelques curieux qui tentèrent de s'approcher du château finirent tous par rebrousser chemin, tout tremblants et l'échine inexplicablement secouée de frissons glacés.

La fête se poursuivit jusqu'à ce que les douze coups de minuit retentissent au clocher de l'église la plus proche.

Alors, les flammes de toutes les torches s'élevèrent et se propagèrent, embrasant la scène du festin. Les serviteurs reprirent leur forme initiale, qui était celle de chauve-souris. Les trois mariés changèrent eux aussi lentement d'apparence. Leur front s'orna de cornes pointues, une barbichette effilée poussa sur leur menton et une queue fourchue apparut juste au bas de leur dos. Enfin, leurs pieds furent remplacés par de jolis sabots, tout noirs et brillants.

Les trois jeunes femmes s'écroulèrent, sans vie, sous les yeux de leurs époux.

Quelques minutes plus tard, ceux-ci disparurent dans la nuit.

L'insatiable comtesse

J'étais si fatiguée d'être pauvre ! Je regrettais amèrement le temps où ma riche famille pouvait combler toutes mes fantaisies, céder à n'importe lequel de mes caprices. Petite, puis jeune fille, on m'avait toujours tout passé. Mes coiffures extravagantes étaient connues dans toute la région. Les dentelles que je portais étaient les plus fines, les plus ouvragées qu'on puisse trouver. On me servait les plats les plus raffinés qui soient. Si j'avais envie de voir des montreurs d'ours, on allait chercher les meilleurs, par-delà les frontières. Un jour, je demandai une jument blanche. Quelques heures plus tard, on me l'amenait. Étais-je une enfant gâtée ? Peut-être. Mais mes jours, alors, était si heureux, si insouciants ! J'étais certaine, bien sûr, que ma vie serait une fête sans fin.

Que je le méritais.

Hélas, le temps n'avait pas tenu ses promesses. Petit à petit, ma famille s'appauvrit. Mes parents moururent, mon mari s'en alla, et je me retrouvai un jour, sans bien comprendre comment, seule avec ma fille, déjà vieillissante, sans le sou.

Il arriva un soir d'hiver.

Je m'en souviens parfaitement : bien qu'assise au coin du feu, je grelottais. Mon château du Wineck à Katzenthal était traversé par les vents glacés, et j'avais trouvé refuge dans le minuscule logis accolé au donjon. Je me laissais aller à de sombres pensées, quand on frappa à ma porte. Je n'avais plus de serviteurs : je me levai donc pour aller ouvrir. Un bel homme, sombre, grand et maigre, enveloppé dans une cape noire, se tenait sur le seuil. Quand il me dévisagea, je ne pus m'empêcher de rougir. Je le voyais dans ses yeux : il connaissait tout de ma splendeur passée et de ma déchéance. Il murmura :

— Je peux remplir votre bourse, comtesse, de sorte qu'elle ne soit plus jamais vide, et faire déborder vos coffres d'or, d'argent et de pierreries.

Que ces paroles furent douces à mes oreilles ! Enfin, j'allais retrouver ce qui m'était dû ! Pleine d'espoir et déjà reconnaissante, je fis entrer l'inconnu.

Je l'invitai à prendre place dans mon fauteuil le plus moelleux et ouvris pour lui la dernière bouteille de mon meilleur vin blanc. Mon cœur battait à tout rompre dans ma poitrine.

— Monseigneur, il est évident que je saurai vous prouver ma reconnaissance. Que voudrez-vous, en échange de vos services ?

L'homme m'observa quelques instants en silence, tout en faisant doucement tourner le vin doré dans son verre pour en libérer les parfums. Il sourit finement et finit par murmurer en me tapotant la main :

— Nous verrons cela plus tard, gente dame… d'ailleurs, à vrai dire, votre âme m'est déjà presque acquise… Jadis si gourmande, si orgueilleuse, vous êtes aujourd'hui tellement envieuse, autant qu'amère…

Je sursautai :

— Mais enfin, il y a de quoi être amère ! Regardez mes pauvres mains ! Elles sont tellement abimées ! Une dame de mon rang devrait avoir la peau douce comme le velours… et mes pieds, ah, mes pauvres pieds, comme ils me font souffrir, depuis que, chaque jour, je dois parcourir la forêt à la recherche de quelques fagots pour nous réchauffer, ma fille et moi !

Il hocha doucement la tête. Les prunelles de ses yeux brillaient à la lueur des flammes qui crépitaient dans l'âtre. Il poussa vers moi le rouleau de parchemin soudain apparu entre ses doigts maigres. Sa voix s'était faite plus grave encore :

— Tout cela est fini, ma chère. Il vous suffit de signer, juste ici, d'une goutte de votre joli sang… je me charge de tout le reste.

Comment aurais-je pu hésiter ? Ce n'était pas cher payé. Je me pliai donc à cette étrange demande, et mon visiteur se dissipa dans un nuage de fumée au parfum légèrement soufré.

Il tint ses promesses.

À partir de ce jour, je ne manquai plus de rien, me retrouvant même bientôt à la tête d'une véritable fortune. Ainsi que je l'avais tant souhaité, je vécus de nouveau la grande vie. J'organisai sans jamais regarder à la dépense des fêtes absolument somptueuses au château. J'avais retrouvé ma superbe, et étais toujours entourée d'une compagnie agréable et dévouée.

Les années passèrent… trop vite, bien sûr, dans un tel tourbillon de joies.

Or, un soir, alors que je ne pensais plus à lui depuis longtemps, celui qui m'avait procuré tous ces bienfaits apparut soudain dans ma chambre.

— Que fais-tu ici, et que me veux-tu ? lui demandai-je rudement.

— L'heure est venue de te souvenir de ta promesse, répondit-il avec un sourire cruel. Car je suis venu pour prendre ton âme.

À ces mots, seulement, je le reconnus ! Je crus défaillir ! Je tombai à genoux.

— Ô, je t'en supplie, je t'en conjure, accorde-moi encore un peu de temps ! J'aime tellement la vie ! Je veux continuer à rire, à ripailler, à danser !

— Vraiment ? Alors, dis-moi… que me donnerais-tu… en échange de… disons… trois années supplémentaires ?

Je n'hésitai pas une seconde :

— Ah, je te donnerais ma fille en mariage. C'est la plus belle, la plus douce et la plus modeste des demoiselles ! Jamais tu ne trouveras sa pareille, je te l'assure !

— Entendu, souffla-t-il, mais à une condition : je viendrai la chercher, dès demain minuit.

Après quoi, il disparut dans un élégant mouvement de sa cape noire.

Je m'assis au bord de mon lit, le souffle court. Il me fallait faire preuve de ruse pour peaufiner le plan qui avait soudain jailli dans mon esprit.

Le lendemain, j'informai simplement mon enfant adorée qu'un prétendant, prince de son état, souhaitait la rencontrer. Quand il se présenta, elle le pria de s'installer et, sans faire de manières, commença à l'interroger.

— Messire, dites-moi, vous arrivez à une heure bien tardive, demeurez-vous dans une contrée très éloignée d'ici ? Je ne voudrais pas m'établir trop loin de ma chère maman…

Un peu surpris par cette entrée en matière, il répondit de bonne grâce.

— Ne vous inquiétez pas, ma mie, la comtesse sera tout près de vous.

— Dites-moi maintenant, votre royaume est-il bien vaste ?

— Il est immense.

— Immense comment ?

— Vous mettrez une éternité à en parcourir toute l'étendue.

Il faisait encore bonne figure, mais me jeta par en-dessous un regard agacé. Pour ma part, je restai séraphique. Ma fille reprit :

— Et vos armoiries, votre seigneurie, excusez-moi, je brûle de savoir à quoi elles ressemblent.

— Brûlez donc, mon petit, c'est le cas de le dire, car mon blason représente un dragon qui crache du feu !

La chère enfant ne parut pas en être impressionnée :

— Votre nom est-il respecté ?

— Il fait frémir… et dans le monde entier !

L'œil, d'agacé, se fit courroucé, mais il réussissait encore à garder son calme. L'interrogatoire, cependant, n'était toujours pas fini.

— Et vos gens, dites-moi, sont-ils bien nombreux ?

— La foule de mes suivants, mon enfant, est innombrable !

Quand ma fille se tut un instant, il poussa un discret soupir de soulagement. Soudain, elle toussota, tout en rosissant d'une façon charmante.

— Mille pardons, votre grâce, mais je dois absolument m'assurer qu'il y a bien une chapelle dédiée à la Vierge dans votre château. Au fait, quel est votre saint patron ? Priez-vous bien chaque jour notre Seigneur ? Allez-vous régulièrement à confesse ? Communiez-vous bien comme il faut pour le salut de votre âme ? Et...

C'en était trop. Dans un coup de tonnerre, le Prince des ténèbres – car c'était lui ! – se redressa pour se ruer vers moi. Il me saisit sans aucun ménagement et m'emporta avec lui.

Tel était mon destin.

Mais je sais que ma chère fille, nullement éprouvée par cette étrange aventure, fit don de toutes nos richesses aux pauvres. Elle rejoignit ensuite avec simplicité une communauté de religieuses où elle vécut de longues et paisibles années, un petit sourire énigmatique toujours posé sur ses jolies lèvres roses.

Le chat noir

Le prince-abbé de Murbach, qui résidait alors au château du Hugstein, était un méchant homme, qui, loin d'honorer le Seigneur en soulageant les pauvres, écrasait les habitants de son fief sous des impôts beaucoup trop lourds.

Pourquoi amassait-il autant d'argent ? Était-ce pour la gloire de l'Église ? Pour contribuer à la construction de quelque cathédrale, d'un nouveau monastère ? Du tout. Nullement concerné par le vœu de pauvreté, cet homme n'aimait tout simplement rien tant que le luxe. Il mangeait dans de la vaisselle d'or et d'argent, dormait dans des draps à la finesse inégalée, se vêtait des étoffes les plus douces et les plus chaudes. Bien sûr, sa conscience essayait, parfois, de le ramener à une vie et des sentiments plus conformes aux Évangiles, mais il se contentait alors de marmonner quelques Ave Maria, quelques Pater Noster, et cela suffisait à faire taire la petite voix.

Il ne pouvait dire à quel moment exactement le gros chat noir était apparu.

Il l'avait d'abord aperçu du coin de l'œil, roulé en boule près de l'âtre ou à l'affût d'une proie dans la cour du château. Pourtant, dès que le prince-abbé tentait de s'en approcher, l'animal se sauvait en crachant. Il demanda un jour à son valet :

— À qui appartient donc cette bête ?

— Quelle bête ?

— Ce gros matou, noir comme la nuit, qui rôde dans nos couloirs !

— Votre grâce, je ne vois absolument pas de quoi vous voulez parler…

Cela agaça le prince-abbé, qui convoqua successivement chacun de ses domestiques et cuisiniers… Ils lui firent tous la même réponse : personne n'avait jamais vu de chat noir dans les parages. Le petit boulanger, mutin, lança :

— Ma foi, si ce Raminagrobis nous débarrasse des souris, cessons de nous poser des questions et réjouissons-nous !

Le seigneur des lieux ne dit plus rien, et tout le monde oublia l'incident. Le chat, jour après jour, prenait de plus en plus ses aises, s'approchant de la table, du fauteuil, du lit de son hôte et le considérant parfois de longues minutes de ses grands yeux verts à la pupille fendue. Il semblait adresser au prince-abbé des reproches muets. Si l'homme se sentait alors vaguement mal à l'aise, il finissait toujours par chasser en riant le sentiment d'oppression qui lui serrait le cœur.

Le chat refusait toujours de se laisser caresser, et même approcher, mais au bout de quelque temps, il s'attacha aux pas de celui qu'il avait choisi pour maître, sans que personne d'autre semble jamais le remarquer.

Or, un soir que le châtelain dînait dans la grande salle, en compagnie de son valet, toutes les bougies s'éteignirent d'un coup, comme soufflées par un démon. Dès qu'il fut remis de sa surprise, le domestique dit :

— Votre grâce, ne bougez pas, je vais de ce pas quérir de quoi nous faire de la lumière. Peut-être, en cuisine, me donnera-t-on une pierre à feu.

Le prince-abbé ne répondit pas.

Quand le jeune homme revint dans la grande salle, tenant à la main la torche qu'on lui avait confiée, il découvrit le seigneur des lieux, sans connaissance, allongé sur le sol. Un gros chat noir était couché sur son visage et sa gorge. Le valet tenta de chasser l'animal, sans succès, puis il courut chercher du secours… C'était trop tard : le chat avait disparu, mais le prince-abbé était mort étouffé. On le mit en bière et on alla se coucher en frissonnant.

Le lendemain matin, quand le cercueil fut placé sur le chariot qui devait emporter le défunt vers sa dernière demeure, il était tellement lourd qu'il fallut pas moins de quatre chevaux pour le tirer ! Le valet s'étonna fort, car malgré son amour de la bonne chère, le prince-abbé n'était pas si gras… quelle était donc cette nouvelle diablerie ?

Trop de choses étranges s'étaient passées. Il fallait en avoir le cœur net.

Le jeune homme arrêta le chariot et ouvrit le cercueil : celui-ci était vide.

Le valet, saisi de terreur, ferma les yeux. À cet instant, il crut entendre un miaulement, et ce miaulement avait quelque chose de diabolique.

Mathilde et la pomme merveilleuse

Les châtelains de Morimont formaient un couple uni et parfaitement heureux jusqu'à ce que Pierre soit appelé à suivre son suzerain à la guerre. En apprenant la nouvelle, son épouse, éperdue de tristesse, se rendit à la source où depuis toujours elle aimait se recueillir, rêver ou simplement se reposer. Là, à l'abri des regards, elle donna libre cours à son chagrin et pleura toutes les larmes de son corps.

Soudain, une ondine apparut.

— Sèche tes joues, Mathilde, lui dit-elle. Tu portes un enfant. Une petite fille que tu prénommeras comme toi. Je serai sa marraine.

— Mais mon mari adoré, reviendra-t-il de la guerre ?

L'ondine ne sembla pas entendre la question de la jeune femme éplorée ; elle poursuivit, un sourire très doux aux lèvres :

— Cette petite fera ta fierté et, lorsqu'elle sera grande, elle sera aussi heureuse qu'une reine.

Sur ces mots, elle offrit à Mathilde une jolie pomme rouge, luisante comme si elle avait été longuement polie.

— Ce fruit est enchanté. Il permettra à ma filleule de formuler trois vœux que j'exaucerai.

La châtelaine rentra, partagée entre la joie d'être bientôt mère et le désespoir de voir partir son mari. Elle sut pourtant se montrer courageuse au moment des adieux. Les semaines passèrent, et la petite Mathilde naquit. C'était un vrai rayon de soleil, un bébé charmant, toujours souriant, fort intéressé par le monde qui l'entourait. Elle grandit et bientôt, lorsqu'elle se mit à babiller et à trottiner sur ses petites jambes, tout le château fut sous son charme.

Hélas, un jour, un étranger arriva au Morimont. Maigre à faire peur, vêtu de haillons, le regard fou, il raconta avoir vu le maître des lieux subir une grave blessure sur le champ de bataille. La châtelaine, en entendant ces mots, sentit son cœur s'arrêter de battre et mourut de désespoir dans l'instant.

Contre toute attente, Pierre de Morimont avait survécu. Il finit par rentrer chez lui. Retrouvant son château et ses terres, il se découvrit, dans un même temps, père et veuf. Quelque peu dépassé par les événements, il se dit alors que la situation exigeait qu'il prenne au plus vite une autre femme. L'élue fut la jeune et belle Gertrude de Rotberg qui sut le séduire. Or, la nouvelle châtelaine aimait s'amuser : elle dilapida rapidement toutes les richesses de son mari. Lorsque les coffres furent vides, elle réussit à le convaincre de devenir chevalier-brigand. Afin de la satisfaire, il se mit donc à détrousser les pauvres gens que son rang aurait dû l'amener à protéger.

Dans cet environnement assez peu propice, la petite Mathilde eut la sagesse de ne pas trop se faire remarquer. On la laissa pousser comme elle voulait ; elle passa donc ses journées à explorer tous les recoins du château, grandissant en beauté, en force et en sagesse.

Un jour, par hasard, sa belle-mère découvrit, dans le tiroir d'un vieux meuble, une boîte en ébène ouvragé. Peut-être contenait-elle quelques bijoux ? Des pierreries ? Des pièces d'or ? Mais non. Il n'y avait là qu'une vieille pomme, toute rouge et brillante, quoi que très ridée. De dépit, et avec un geste rageur, Gertrude la jeta par la fenêtre. Dans la cour, elle roula jusqu'aux pieds de la petite Mathilde qui s'était installée dehors pour lire.

Dès que l'enfant s'en saisit, une force bienveillante la fit se lever pour la conduire jusqu'à la source. L'ondine apparut. Elle serra la fillette dans ses bras, lui révéla les mots qu'elle devrait prononcer pour que ses trois vœux soient exaucés puis disparut dans une gerbe d'eau fraîche. Mathilde, songeuse, rentra au château où elle ne souffla mot à personne de son étrange aventure. Elle rangea son trésor, bien enveloppé dans un tissu de lin, tout au fond de son armoire.

Peu de temps après, malheureusement, la forteresse fut attaquée et assiégée. On résista vaillamment, mais les assaillants finirent par mettre le feu à la place, et presque tous ceux qui s'y trouvaient périrent dans l'incendie. Mathilde, cependant, réussit à se sauver : elle emprunta un passage souterrain qu'elle avait un jour découvert au fond de l'impressionnante cave voûtée du château.

La petite fille avait bien pris soin d'emporter sa pomme magique avec elle. Mais elle ne s'était pas retournée et n'avait rien tenté pour sauver sa belle-mère lorsqu'elle l'avait vue prisonnière des flammes.

Elle marcha longtemps dans la forêt. Elle finit par atteindre une ville, où une vieille femme, au service de la commanderie, l'adopta. Mathilde devint bientôt gardeuse d'oies. Cette heureuse nature sut se satisfaire de son sort, sa mère adoptive lui apportant davantage d'affection que son père et Gertrude réunis lui en avaient jamais donné.

Les années passèrent.

Un jour, le commandeur des chevaliers de la ville eut envie de se marier. Il organisa un grand bal afin d'y choisir celle qui serait son épouse.

Le temps était venu pour Mathilde de sortir la pomme de la cachette dans laquelle elle l'avait remisée ! Après avoir prononcé les paroles magiques, elle se retrouva parée de la plus merveilleuse robe qu'on puisse rêver. Ses cheveux se relevèrent en un savant et gracieux chignon, son visage s'illumina d'encore plus de grâce que d'ordinaire. Elle se rendit ainsi à la fête, où le commandeur fut séduit par sa beauté. Après la danse, il lui offrit un rafraîchissement, et là, il fut charmé par sa conversation. Il se réjouissait d'avoir trouvé celle que son cœur attendait, mais la belle disparut aux douze coups de minuit.

Le chevalier envoya ses hommes parcourir toute la région pour tenter de la retrouver, en vain. Il décida alors d'organiser un deuxième bal, espérant que sa belle inconnue se montrerait à cette occasion. C'est, bien sûr, ce qu'elle fit, et elle était plus ravissante encore que la première fois. Il ne dansa qu'avec elle, lui avoua son amour et lui offrit, en gage de celui-ci, une fine bague en or. Il resta près d'elle toute la soirée, mais à minuit, une fois encore, elle s'enfuit sans qu'il puisse la retenir ou la suivre. Elle était partie retrouver la vieille servante et ses oies, bien décidée à vérifier que le commandeur l'aimait véritablement.

Or le jeune homme, malade d'amour, se mit bientôt à dépérir. C'était plutôt bon signe, aussi Mathilde demanda-t-elle à sa mère adoptive d'apporter bien vite au chevalier une tisane dans laquelle elle avait glissé la bague. Quand il découvrit le bijou, il sauta de son lit, comme ressuscité, et courut jusqu'à la masure. Prenant la gardeuse d'oies dans ses bras malgré sa mise rustique, il la fit tournoyer au milieu de la basse-cour en riant et l'épousa dans la semaine, sans écouter les remontrances de sa mère. Celle-ci avait détesté Mathilde au premier regard.

Le couple coula pourtant des jours heureux, et la mauvaise humeur de la méchante belle-mère ne put l'atteindre d'aucune façon. Plus les jeunes mariés rayonnaient de bonheur, plus elle se recroquevillait dans une terrible amertume. On la voyait errer ici et là, la mine sombre, semblant ruminer de sinistres projets.

Quelques mois plus tard, et alors que son mari était parti en manœuvres, Mathilde donna naissance à un enfant. Sa belle-mère prétendit vouloir l'assister. Elle remplaça le bébé par un chiot, puis fit courir le bruit que sa bru était une sorcière : n'avait-elle pas enfanté un monstre ? La nouvelle parvint, évidemment, aux oreilles du jeune père qui délégua ses pouvoirs à son second et accourut. Il était malheureusement prêt à croire l'horrible calomnie.

Mais Mathilde disposait encore d'un vœu que sa marraine devait exaucer. Elle prit sa pomme magique et invoqua l'ondine. Celle-ci apparut, comblée, tenant dans ses bras le nouveau-né riant et gazouillant. Le commandeur des chevaliers tomba à genoux, suppliant son épouse de lui pardonner d'avoir douté d'elle.

Après quoi il convoqua sa mère. Rouge de colère, il la bannit, précisant bien qu'il souhaitait ne plus jamais la revoir. La méchante femme quitta le pays sans demander son reste.

Enfin, le chevalier donna sa démission. Il trouva un emploi moins militaire, le couple eut d'autres enfants, et la famille vécut dans le bonheur, durant de très longues années.

Si quelqu'un, croisant la belle Mathilde, lui demandait comment elle allait, elle répondait toujours, avec un sourire radieux, qu'elle était parfaitement comblée, et même… plus heureuse qu'une reine.

Table des contes

Des mêmes auteurs

Sylvie de Mathuisieulx

La série Petitou : éd.Points de suspension / Le jasmin
Les sept petits grognons, éd. Mijade
La Hübsch au Wald Gourmand, éd. Kidikunst
La série La maîtresse : éd Milan poche, coll. Benjamin
Lucie, petite danseuse : Les histoires de la Tonies Box
Petits contes, grande sagesse, éd. du Signe
Le voyage d'Ulysse, La Louve éditions - Calleva
Enquête à l'Acropole, éd. Larousse
12 scarabées pour Toutankhâmon, éd. Larousse
Collection Graine d'Histoire, éd. La Nuée bleue : 4 titres et direction de collection
La part d'ombre des lumières, Les enquêtes rhénanes, Le Verger Éditeur.
pour plus d'informations : www.sdemathuisieulx.com

Christian Heinrich

Auteur illustrateur de la série *Les P'tites Poules*, avec Christian Jolibois, 21 tomes, Pocket Jeunesse
Auteur illustrateur de la série *Pitikok*, avec Christian Jolibois, 8 tomes, Pocket Jeunesse
Auteur illustrateur *Du vent dans les pinceaux* 2019, Éditions Astrid Franchet
Illustrateur de *Comptines et racontines pour les mangeurs de tartines*, avec Nicole Amram, 2014, Pocket Jeunesse
Illustrateur de *Krotokus 1er Roi Des Animaux,* 2010, Caryl Ferey, Pocket Jeunesse
Illustrateur de *Mapuce et la révolte des animaux,* 2015, Caryl Ferey, Pocket Jeunesse

Collection Contes rhénans

Déjà parus

Les plus beaux contes d'Alsace, Sylvie de Mathuisieulx et Benjamin Strickler

Contes de l'eau d'Alsace et de Moselle, René Descombes, Nicolas Kempf et Vlou

Contes des femmes d'Alsace, Nicolas Kempf et Vlou

Contes des châteaux d'Alsace, Sylvie de Mathuisieulx et Christian Heinrich.

D'autres recueils de contes vont paraître bientôt !

Tu as des idées de sujets de contes et tu veux la suggérer aux auteurs ?
Écris-nous ! Sur Facebook, sur Instagram, ou sur notre site :
www.verger-editeur.fr

Achevé d'imprimer en novembre 2023
sur les presses de L&C Printing Group à Cracovie (Pologne)
pour le compte d'EBRA Éditions
4, rue Frédéric-Guillaume Raiffeisen
67913 Strasbourg Cedex 9
ebra-editions.fr